La Guía Práctica de Email Marketing

ITCampus
Academy

JOSÉ LUIS GARCÍA NAVARRO

ÍNDICE DE CONTENIDOS

INTRODUCCIÓN A LAS PÁGINAS DE DESTINO

Landing pages, o páginas de destino, son páginas con un solo objetivo, siendo el más común de ellos, la captura de leads para una lista de correo electrónico. Ellos son parte de toda estrategia de marketing de éxito y pueden aumentar hasta un 47% las ventas de una compañía. A continuación se indican sus principales beneficios:

- Aumentar la conversión de un producto o búsqueda digital;

- Evitar distracciones del usuario y alentar una acción (por ejemplo, registrar su e-mail);

- Mantener el flujo de información entre las fuentes de tráfico como los anuncios y el producto.

Homepage vs. Landing Page

Es necesario tener esta idea muy clara en su mente: hay una gran diferencia entre una página de inicio o una página de su sitio y una Landing Page (página de destino).

Vea la diferencia entre las dos en el siguiente ejemplo:

The #1 Marketing Platform

Vea que hay varios links en esta homepage: Marketing Grader, Academy, Marketing Library, Free Trial, Sign in; Software, Case Studies, Partners, About, Blog, Start a trail, etc.

La página de inicio, en la mayoría de los casos, necesita una estructura como la que se muestra. Es una página de inicio que da libertad al usuario para ir a donde quiera. Existen múltiples objetivos para esa página. Herramientas, prueba de software libre, sobre lo que es el software, su precio, estudios de casos, entre otros. Sin embargo, una página de destino o landing page tiene una sola meta.

Vea la página de destino mostrada.

El único propósito de esta página de destino es animar al usuario a descargar un eBook sobre SEO. Es decir, que rellene el formulario a la derecha y haga clic en el botón naranja para descargarlo.

Texto, imagen y cuadro de captura de correo electrónico. Su estructura es simple y está dirigida específicamente a un público al que le guste saber más sobre SEO. La página de destino promueve una experiencia mucho más relevante (y personalizada) para el público de SEO de lo que hace la página principal. Por esta razón, las páginas de destino son tan importantes y eficientes.

Caso de Estudio: frascos de jalea y conversiones

Sheena Iyengar, una profesora de la Universidad de Columbia, creó un stand de degustación gratuita en un supermercado conocido por su extensa selección de productos, en dos sábados consecutivos.

El primer sábado, estaban disponibles 24 sabores de jalea y al sábado siguiente, sólo 6.

Ahora haga una conjetura: ¿Qué sábado logró vender más jaleas?

Siguiendo el sentido común de que cuantas más opciones para el cliente mejor, usted pensaría que el sábado con más jaleas vendió más. Pero eso no lo es lo que ocurrió.

Cuando 24 frascos de jalea estaban disponibles, el 60% de los clientes se detenían para una prueba de degustación. Sin embargo, sólo el 3% de los que se detenía compraba un frasco de jalea.

Cuando 6 frascos de mermelada estaban disponibles, el 40% de los clientes se detenía para una prueba de degustación y un 30% compraba un frasco de jalea.

Suponiendo que 100.000 personas visitaron el supermercado en ambos sábados tendríamos los siguientes resultados:

- Sábado con 24 frascos de jalea:

    o 60.000 personas se detuvieron para degustar.

    o 2.000 personas compraron al menos una jalea.

- Sábado con 6 frascos de jalea:

    o 40.000 personas se detuvieron para degustar.

    o 12.000 personas compraron al menos una jalea.

Los resultados son enormes. 10.000 personas más compraron jalea en un sábado en comparación con otro. Un aumento del 500% en las ventas. En pocas palabras: Menos es más. En la mayoría de los casos, cuando vaya a montar una página de destino, esta tiene que tener un solo objetivo.

Cuantos más elementos se colocan en ella, más opciones se da a los usuarios. Por lo tanto, se confunden más y terminan por no tomar ninguna decisión.

TIPOS DE PÁGINAS DE DESTINO

Hay dos tipos principales de páginas de destino:

- Landing Pages para generación de leads.

- Landing Pages para clics.

Landing Pages para generación de leads

Landing Pages para la generación de leads se utilizan para capturar datos de los usuarios tales como el nombre y la dirección de correo. El único propósito de esta página es recoger información que permita una comunicación más directa con su cliente potencial.

La psicología de los colores

En este libro podrá conocerlo todo acerca de la psicología de los colores y como esto afecta al Marketing:

El aspecto importa el 93%! en la decisión de compra.
Colores para hombres y mujeres.
La importancia de la rueda de los colores.
Colores y grandes marcas.

Descargue el libro colocando su email abajo:

DESCARGAR

o

Descargue el libro divulgandolo en las Redes Sociales:

DIVULGAR

Por lo tanto, una página para la generación de leads contendrá un formulario, junto con una descripción de lo que recibirá al visitante a cambio de la introducción de sus datos personales. Hay muchos incentivos para que un usuario entregue su información personal. Algunos ejemplos son los siguientes:

- eBook;

- Registro para un seminario online;

- Consulta de servicios profesionales;

- Descuentos y cupones;

- Pruebas gratuitas de servicios o productos;

- Un regalo en concreto;

- Notificaciones para un lanzamiento futuro.

El tamaño de su formulario y el nivel de los datos personales solicitados pueden tener un impacto directo en la conversión. El truco consiste en solicitar al usuario el mínimo de información que le permitirá comunicarse con sus clientes potenciales con eficacia. No hay necesidad de pedir el teléfono si usted sólo va a comunicarse con él por correo electrónico, por ejemplo. En este caso, menos información equivalente a más conversiones.

Landing Pages para clics

Landing Pages para obtener clics tienen como objetivo convencer al visitante para hacer clic para ir a otra página.

Normalmente, se utilizan en embudos de comercio electrónico, para describir un producto u ofrecer detalles suficientes para llevar a un visitante hasta el punto donde va a estar más cerca de tomar una decisión de compra.

En general, el tráfico que viene a través de un anuncio se envía directamente a una página web o a alguna página de registro, lo que da lugar a conversiones pobres.

Las páginas de registro no proporcionan información suficiente para que el usuario pueda tomar una decisión informada y las páginas de inicio ofrecen muchas opciones para elegir.

Aquí es donde las páginas de destino para clics son extremadamente eficientes. La información adicional en la página de destino para clics ofrece los detalles que necesita saber, sin distracciones.

Cuando este potencial cliente hace clic en un enlace o botón para seguir, ya está listo con toda la información que necesita y estará mucho más propenso a comprar.

RESUMEN

Landing Pages son páginas con un solo objetivo, siendo el más común de ellos, la captura de leads para una lista de correo electrónico;

Landing Pages son diferentes de las páginas de inicio, con un solo objetivo;

Menos es más. Usted puede convertir más clics en clientes ofreciendo menos opciones;

Hay 2 tipos de Landing Pages: Una para la generación de leads y una para clics.

10

LOS 7 ELEMENTOS CLAVE DE UNA PÁGINA DE DESTINO

1. Título

El único propósito del título de la página de destino es comunicar cuál es su principal propuesta de valor. Este título debe describir exactamente cómo su oferta es de fuerte. Por lo general, es lo primero que la gente va a ver en su página. Por lo tanto es muy importante perfeccionar esa parte.

Si su propuesta de valor es demasiado grande para un título, considere dividirlo en dos partes. Un título (propuesta de valor central) y un subtítulo (propuesta de valor adicional).

2. Imagen Principal

Una imagen vale más que mil palabras. Todos hemos escuchado esa frase. Para tener una Landing Page efectiva, tendrá que tener una imagen poderosa (o un vídeo) que muestre lo mejor de su producto o servicio.

Es una buena idea tener un vídeo de demostración de cómo funciona su producto o tener una imagen que represente el mejor beneficio del mismo.

3. Beneficios

Usted necesita saber que hay una diferencia muy importante en el momento de vender bien su producto o servicio. La diferencia entre características y beneficios. Vea las siguientes afirmaciones de un anuncio de iPod:

"De la bienvenida al iPod.

1.000 canciones en tu bolsillo."

Apple no inventó el reproductor de MP3 pero revolucionó todo el mercado de la música en los años siguientes con el iPod y la iTunes Store. La frase "1000 canciones en tu bolsillo" es considerado uno de los beneficios cortos más fuertes de todos los tiempos.

Tener más de 1.000 canciones en un dispositivo que coja en su bolso es normal hoy en día pero en el año 2002, el del lanzamiento de la primera generación de iPod Classic, no lo era. Tantas canciones en un dispositivo que cogía en un bolsillo era algo mágico en aquel momento.

Mientras los competidores anunciaban sus dispositivos destacando características como espacio de almacenamiento, el iPod vino con una ventaja muy clara: "1.000 canciones en tu bolsillo". Usted podía escuchar una gran selección de música en donde quisiera y cuando quisiera.

Así, los consumidores imaginan cómo su producto traerá beneficios reales para ellos. Los recursos son secundarios.

Así que en su página de destino, busque beneficios en lugar de características. Un buen número para trabajar con los beneficios es entre 3 y 7. Haga que el usuario pueda explorar rápidamente estos beneficios. Viñetas y listas de verificación son grandes recursos para una fácil percepción visual.

4. Casilla de captura de correo electrónico

Sólo aparecen en las páginas de destino de generación de leads. Para resaltarlas, deberá mantener la zona tan limpia como sea posible. Use una caja que involucre todo el formulario de correo electrónico y un texto para reforzar porque el usuario debe dejar su correo electrónico en su página de destino.

No pida el correo electrónico a los usuarios sin ninguna razón. Necesita una oferta para atraer su atención. Como se señaló anteriormente, puede utilizar varios tipos de incentivos, tales como:

- eBook;

- Registrarse a un seminario;

- Consulta de servicios profesionales;

- Descuentos y cupones;

- Versiones de prueba gratuitas de su servicio;

- Un regalo en concreto;

- Notificaciones para una versión futura.

5. Llamada a la Acción: Call-To-Action (CTA)

La llamada a la acción es el principal objetivo que desea que el usuario cumpla en su página de destino.

En la imagen, el objetivo es hacer que el usuario haga clic en el botón naranja para aprender más sobre el libro electrónico de las inversiones, la asignación de activos.

¿Desea mejorar sus inversiones con el menor riesgo posible?

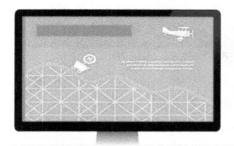

Al final usted será un inversor inteligente que desea alcanzar su independencia financiera.

Invierta en conocimiento y conozca el eBook de colocación de activos.

Comience a invertir de modo inteligente

Todos los demás elementos deben fortalecer su llamada a la acción, que es el elemento principal de su página de destino.

Así que es muy importante elegir un color que sea distinto al de los otros elementos. El naranja se utiliza porque contrasta con la imagen azul.

Otro punto importante de su llamada a la acción es el texto. Utilice textos que atraigan al lector a hacer clic en el botón de la página. No utilice los textos vagos como "Continuar" o "Enviar", sino "Sí, quiero invertir mejor ahora" o "Quiero descargar el eBook ahora."

Por último, recuerde usar un montón de espacio en blanco cerca de su llamada a la acción para ponerla de relieve en comparación con los otros elementos.

6. Prueba Social

No sé en su ciudad, pero aquí, la gente hace colas de más de 2 horas para comer en ciertos restaurantes, incluso cuando los restaurantes vecinos están vacíos. ¿Ha notado cómo las colas son un indicador muy fuerte de la prueba social? Si tuviera que elegir entre un restaurante lleno de gente y un restaurante completamente vacío, es bastante seguro de que prefiera el lleno de gente, porque considerará que hay una buena razón para esta gran diferencia.

Lo mismo ocurre con las páginas de destino. Cuanto más se convence a la gente de que su producto o servicio tiene valor, mejor. Por lo tanto, testimonios de clientes o personas influyentes en su área son muy bienvenidos.

Estos especialistas adoran el eBook Colocación de Activos

Con un lenguaje fácil, comprensión y gran número de ejemplos prácticos, este eBook cambiará su forma de invertir.

Toma técnicas sofisticadas de inversión aplicadas sólo por profesionales. Lo recomiendo.

 Rafael Suarez

 Ricardo Rojo

Hecho para personas inteligentes y sensatas. Estes es un libro óptimo para quien quiere aumentar sus conocimientos o dar el próximo paso.

Cualquiera conseguirá crear una cartera de inversiones mejor y más rentable después de leer este libro.

Saul Gonzalez

Alejandro Cominges

Quiero mejorar mi independencia financiera

En la imagen, la página de destino de clics para dirigir a los usuarios a la página de las ventas de libros electrónicos sobre inversiones. Observe cómo el testimonio de personas influyentes en el área proporciona una mayor percepción de valor que si no estuvieran allí. Un consejo para las empresas B2B es utilizar el logotipo de las empresas que utilizan su producto o servicio.

7. Página de post-conversión

El usuario hace clic en el botón para descargar su eBook. Este es el mejor momento para que usted le pida un favor. Después de todo, es mucho más fácil de decir el segundo "sí" que el primero.

Por ejemplo, después de enviar su correo electrónico para descargar el libro electrónico, puede solicitarle que comparta esta página de destino con sus amigos para que puedan conocer y descargar el libro electrónico también.

Resumen

Los 7 elementos clave de una página de destino son:

- Título;

- La imagen principal;

- Beneficios;

- Cuadro de captura de correo electrónico;

- Llamada a la acción (Call-To-Action);

- Prueba social;

- La página de post-conversión.

LOS 7 PRINCIPIOS DEL DISEÑO
CENTRADO EN EL USUARIO

¿Cómo pueden convencer a un usuario para completar el objetivo de su Landing Page usando solamente diseño? Hay algunos elementos que llaman la atención del visitante a la zona específica que usted desea. Además, la psicología también tiene gran participación para dirigir al usuario en la toma de decisiones.

Los 7 principios del diseño centrado en el usuario son:

1. Participación;

2. Contraste y color;

3. Señales direccionales;

4. Los espacios en blanco;

5. La urgencia y la escasez;

6. Las muestras gratuitas;

7. La credibilidad (la prueba) social.

Participación

¿Quién no recuerda la entrada clásica de James Bond, el agente 007, a través de un efecto de visión de túnel? No tiene más remedio que darse cuenta de lo que hay dentro de este túnel. En las páginas de destino esto funciona de la misma manera. Debe envolver el área más importante de la misma, es decir, dónde está su llamada a la acción.

Observe cómo el campo de captura se pone de relieve con fondo negro y las líneas grises alrededor de esa caja de captura de correo electrónico. Esta es la visión de túnel que es necesaria aplicar en su página de destino para atraer la atención del usuario a lo que desea.

Contraste y Color

El contraste de colores es muy poderoso para atraer nuestra atención.

Como la imagen tiene su "marco" con un fuerte color y una "parte" completamente de color negro, los ojos buscar automáticamente las áreas de contraste. En este caso el Samurai destacado por el sol. Otro ejemplo de contraste de color sería tener toda la imagen en blanco y negro, a excepción del Samurai, siendo este en color.

Usted atrae la atención del lector sobre el mismo punto. Sin embargo, de manera totalmente diferente. Con sus páginas de destino no es diferente.

Utilice un color para su llamada a la acción que tenga un fuerte contraste con el color de fondo o la imagen de su página de destino principal. Una gran herramienta para el análisis de color es la rueda de color.

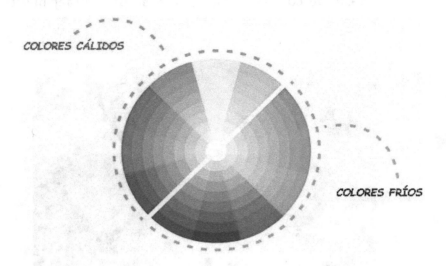

Para saber qué colores son contrastados, sólo tiene que ver cuál es el color que se encuentra en la posición opuesta al color que tiene como predominante. Por lo tanto, si el fondo o la imagen principal de su página de destino es de color azul, utilice el color naranja o el rojo para el botón con su llamada a la acción, si el color principal es púrpura, opte por el amarillo.

Haga uso del contraste de colores:

Señales Direccionales

Las señales direccionales son indicadores visuales que señalan a la zona de enfoque de sus páginas de destino. Ellas ayudan a orientar a los visitantes a lo que quieren que hagan, por lo que el objetivo de su página queda claro para que ellos "aterricen" en ella. Hay varios tipos de pistas o señales de dirección, siendo los más comunes: Las Señales; Las Rutas y La línea de visión.

Debido a la importancia de estos elementos para una página de destino, vamos a analizar cada uno de ellos a continuación.

Señales

Las señales son excelentes elemento direccionales. Crecimos aprendiendo a respetarlas como la dirección que debemos seguir. "Gire a la izquierda. Gire a la derecha. Siga adelante". De esta manera incluir señales que apunten hacia el objetivo principal de su página de destino funciona muy bien para las conversiones.

Rutas

Las rutas son representaciones del mundo real de avenidas que hacen que nuestro cerebro piense que tenemos que seguirlas. Las carreteras están fuertemente arraigadas en nuestra mente como el camino de menor resistencia que naturalmente nos empuja en su dirección como una guía de transporte. Algunas páginas y páginas de destino ponen el formulario para el registro de correo electrónico en el medio o al final de ese camino para llamar nuestra atención y usted debería probar este enfoque también.

La Línea de Visión y el Poder de los Ojos

Como seres humanos, todos estamos programados para entender el propósito de una mirada. Tratamos de averiguar lo que la otra persona está pensando simplemente por la forma de ver. ¿Usted ha pasado por una situación así observando con cuidado la mirada de alguien buscando descifrarla?

Separamos aquí dos ejemplos de cómo utilizar la línea de visión y el poder de los ojos para mejorar la conversión de sus páginas de destino. El primer ejemplo es el aspecto direccional como una flecha que apunta a un área específica.

Esta imagen, inmediatamente nos hace pensar porque esa mujer está sonriendo y mirando hacia su derecha (nuestra izquierda).

Escriba su formulario de captura de correo electrónico o un botón para el usuario para que conozca más sobre su producto / servicio en esa área en particular y usted tendrá su atención. El segundo ejemplo del poder de una mirada es el tipo de mirada que usted enfrenta directamente, es decir, cuando una persona está mirando directamente hacia usted.

La imagen de arriba es la portada de National Geographic del año 1985 y una de las imágenes más impactantes de la historia del periodismo.

La imagen retrata el aspecto de Sharbat Gula, mostrando el miedo y la ira de una refugiada afgana. La fuerte expresión y el sentimiento de su mirada causa que nuestra atención esté totalmente dirigida a los ojos de Sharbat, tratando de entender las dificultades que ha enfrentado a lo largo de su vida.

Usted no necesita una fuerte expresión como la niña afgana en su página de destino para atraer la atención del usuario pero si utiliza imágenes de personas mirando directamente a la cámara, como en el caso anterior, despertará su curiosidad.

Utilice Señales, Rutas e imágenes para guiar al usuario

Espacio en Blanco

El espacio en blanco es un área vacía alrededor de un área de importancia. No necesariamente tiene que usar el blanco alrededor de un área de importancia pero necesita dejar un espacio libre. El objetivo de este espacio es salir de la zona principal de su página de destino y, de ese modo, destacarlo.

Deje a su página respirar con más espacio libre

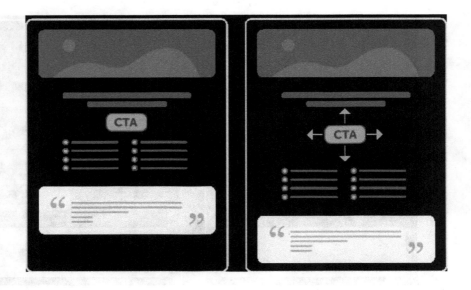

Estos son los cuatro principios de diseño centrado en el usuario que necesita saber para mejorar la conversión de sus páginas de destino.

Sin embargo, todavía necesita la ayuda de la psicología para entender cómo despertar el interés del usuario para que complete la acción que desea.

Vea a continuación los 3 principios restantes del diseño centrado en el usuario con la ayuda de la psicología.

La Urgencia y la Escasez

Los gatillos mentales más comunes son el uso de la urgencia (tiempo limitado) y la escasez (oferta limitada). Son conceptos sencillos que se pueden aplicar de diversas maneras y con un gran poder de persuasión.

Urgente, ¡Compre Ya! ¡No se pierda esta ocasión! Estamos acostumbrados a escuchar estas frases. Declaraciones urgentes se utilizan para animarnos a tomar una decisión de compra inmediatamente. Buenos ejemplos se pueden ver en Groupon y Amazon.

En Groupon se suelen destacar las ofertas por plazos limitados. Por ejemplo, o usted adquiere un determinado producto en los próximos cuatro días como máximo o sino perderá la oferta. A nadie le gusta perder algo por este motivo y es por ello que las ofertas de tiempo limitada (de emergencia) funcionan tan bien.

Del mismo modo que ocurre con el límite de tiempo, la escasez de unidades incentiva la compra. Un ejemplo típico es mostrar que un determinado producto sólo cuenta con una cantidad de unidades escasa.

Muestra Gratuita

Una de las maneras más eficaces para vender un producto o servicio es proporcionar una prueba gratuita, una muestra gratis de lo que tiene que ofrecer.

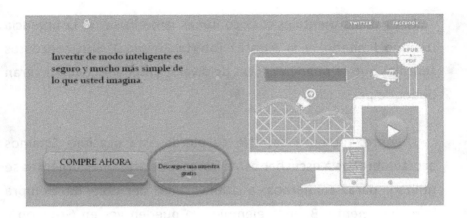

En la imagen superior se puede ver una parte de la página de ventas, con un botón en particular para descargar una muestra gratuita.

El objetivo de esta muestra es que la gente indecisa se convierta en compradores. Ofreciendo una muestra gratuita, usted permite que la gente conozca mejor su material y de esta forma se sientan cercanos a él, pero de forma limitada, siendo necesario pagar para tener el acceso completo.

Al abrir su producto para su revisión antes de la compra, transmite confianza, que es un factor muy importante para impulsar las conversiones.

Credibilidad Social

La Credibilidad Social se basa en el factor de "yo también", como en el caso de las filas de los restaurantes. Cuantas más personas interesadas en un producto o servicio señal de que es más popular. Por lo tanto, debe ser un gran producto.

Un experimento en las calles de Nueva York, explica bien el concepto de credibilidad social, incluso cuando no hay nada detrás de él.

Experimento: El hombre que miraba al cielo

En 1969, un estudio se llevó a cabo en las calles de Nueva York, donde un hombre se quedaba de pie mirando hacia arriba, hacia el aire. El estudio mostró que, por más curioso (y extraño) que fuera que el hombre estuviera mirando al cielo, pocas personas se detuvieron para ver lo que estaba buscando.

Sin embargo, cuando el número de personas que buscaban aumentó a 5, la gente comenzó a reaccionar uniéndose a ellos y levantando los ojos para ver lo que estaba pasando. Cuando los participantes en el estudio aumentaron a 18, se produjo un aumento del 400% en el número de personas que se unieron.

Claramente, cuanto mayor es la multitud, mayor se hace la multitud. Este es el concepto de credibilidad social. Al mostrar el número de acciones, descargas o compradores de un producto o servicio, mayor será su aceptación para los demás.

Es por esta razón que los sitios de comercio electrónico necesitan la evaluación de usuarios para un producto particular. Cuanto mayor sea el número de comentarios positivos, mayores serán las posibilidades de que otros lo compren.

RESUMEN

Los 7 principios de diseño centrado en el usuario son:

1. Participación;

2. Contraste y color;

3. Señales direccionales;

4. Los espacios en blanco;

5. La urgencia y la escasez;

6. Las muestras gratuitas;

7. La credibilidad (prueba) social.

SOFTWARE PARA PÁGINAS DE DESTINO

En este punto, ya estamos bien entrenados para producir páginas de destino de alta conversión, ya sean para clics o capturas de correo electrónico. Acredite, conocer los fundamentos de una página de destino que convierte es la parte más difícil.

"¡Quién hace el arte es el artista, no la herramienta!"

Sin embargo, usted todavía necesita saber qué tipos de herramientas están disponibles para crear páginas de destino con todos los principios discutidos anteriormente.

Separamos algunos tipos de software y algunas plantillas para ayudarles en este camino de la creación.

UNBOUNCE

Este es uno de los software que utilizamos para crear, controlar y optimizar páginas de destino.

Ventajas:

- Flexibilidad total en los elementos de la página de

destino;

- Plantillas listas y optimizadas para todos los principios que se enseñan en este libro;

- Integración con los principales proveedores de correo electrónico;

- Pruebas A / B ya embutidas.

Desventajas:

- Precio alto y facturado mensualmente;

- Alta curva de aprendizaje.

LEADPAGES

Leadpages es el software para cualquier persona que es un fan de la metodología "hecho es mejor que perfecto" y ya quiere colocar en el aire su página de destino con las plantillas existentes, siendo fácil de configurar y publicar.

Ventajas:

- Plantillas listas y rápidas para colgar;

- Integración con los principales proveedores de correo electrónico;

- Pruebas A / B ya embutido.

Desventajas:

- Precio facturado mensualmente;

- Poca flexibilidad.

RD STATION

RD Station se basa en el formato HubSpot de EEUU. Es una plataforma todo-en-uno que lleva a cabo varios servicios dentro del mismo software, como por ejemplo: páginas de destino y generación de leads; Email Marketing y Nutrición de leads; SEO y links patrocinados; Blogs y Medios Sociales y (entre otros).

Ventajas:

- Plantillas listas;

- Plataforma ya integrado con otros servicios (SEO, Email Marketing);

- Muy fácil de usar.

Desventajas:

- Los altos precios y facturado mensualmente;

- Poca flexibilidad.

THEMEFOREST

No es un software de página de destino sino una plantilla lista para su uso como HTML en su propio sitio.

Ventajas:

- Plantillas profesionales;

- Precio bajo.

Desventajas:

- Requiere conocimientos de HTML;

- Puede que tenga que traducir algunos términos en inglés.

RESUMEN

Las cuatro herramientas y templates o plantillas recomendados para Landing Pages son:

Unbounce, LeadPages, RD Station y ThemeForest. Crear, monitorear y probar páginas de destino es una de las mejores armas que puede tener en su arsenal de marketing digital. Pueden convertir clics en leads o hasta incluso clics en clientes. Debe saber utilizar la psicología, la persuasión y el Diseño Centrado en el Usuario sólo para usted alcanzar ese objetivo de conversión. Para refrescar su memoria, aquí están 10 puntos clave que puede utilizar para crear su próxima página de destino.

1. Siempre que necesite que el usuario complete un único objetivo le dirigirá a una página de destino y no a su página principal;

2. Al hacer su página de destino, utilice los principios del diseño centrado en el usuario para llevar a sus usuarios a su llamada a la acción (call-to-action);

3. Intente mostrar el menor número de opciones al usuario. Recuerde el estudio de caso con frascos de jalea en los supermercados;

4. Los beneficios son más fuertes y más memorables que los recursos;

5. Utilice una caja alrededor de su formulario de correo electrónico para resaltarlo;

6. Haga que su llamada a la acción se destaque de los demás elementos de su página de destino. Si el color predominante es el azul, utilice el naranja para ella;

7. Use testimonios para fortalecer la credibilidad de lo que tiene que ofrecer;

8. Utilice siempre una página de post-conversión. Ganar un segundo "sí" es mucho más fácil que el primero;

9. Utilice las señales, rutas o miradas para llamar la atención sobre áreas importantes de su página;

10. No olvide los disparadores mentales como la urgencia y la escasez para aumentar sus conversiones.

GUÍA PRÁCTICA DEL E-MAIL MARKETING

Gracias a las mejores maneras de filtrar y bloquear el spam, las bandejas de entrada están casi libres de e-mails indeseados, pero esto tiene un precio. Según estudios recientes de Return Path, alrededor del 20% de los correos electrónicos enviados, incluso con la autorización del abonado, no llegan a su destino: las bandejas de entrada de sus clientes.

La capacidad de entrega del correo electrónico hoy se guía por el filtrado de contenidos y reputación. Sería grandioso si hubiera un único algoritmo que todos los proveedores de correo electrónico utilizaran pero no lo hay. Gmail, Outlook.com y Yahoo! Mail tienen reglas y servicios propios de filtrado de correo no deseado para ayudar a los remitentes. En este libro se pretende ayudar a las empresas a superar la confusión causada por las diferentes normas de capacidad de entrega.

GMAIL

Al contrario que muchos de sus grandes competidores, Gmail no proporcionada feedback loops, Whitelists, divulgación de uso de blacklists públicas ni proporciona una gran cantidad de direccionamiento, herramientas y apoyo para los remitentes. No se preocupe por la falta de información de Gmail. Estamos aquí para ayudar.

COMO FILTRA GMAIL EL SPAM

Gmail, como muchos de los grandes proveedores de e-mail, utiliza principalmente a su comunidad de usuarios para determinar si un e-mail es spam o no. Gmail considera los siguientes feedbacks del usuario como importantes en sus decisiones de filtrado de spam:

- Denuncia como spam.

- No es spam.

- Mensajes leídos.

- Mensajes leídos y eliminados.

- Mensajes con estrella.

- Mensajes respondidos.

- Actividad en la bandeja de entrada.

CONTENIDO

Tal y como ocurre con la mayoría de los filtros anti-spam, el contenido de los encabezamientos de e-mail, cuerpo y adjuntos también son medidos por palabras clave, imágenes, URLs, malware y muchos otros componentes comunes. El contenido está siempre ligado y añadido a su algoritmo de filtrado de spam general pero el peso de este análisis generalmente depende de la reputación del remitente.

HISTÓRICO DE ENVÍO

Gmail bloquea temporalmente nuevas direcciones IP sin una reputación durante las primeras 2-24 horas, enseguida envía pequeñas cantidades de e-mail tanto para la bandeja de entrada como para las carpetas de spam para medir la percepción del firmante. Si las reclamaciones fueran muy elevadas, futuros e-mails serán entregados principalmente en la carpeta spam. Si más personas clican en "no es spam" durante este periodo eso indica que el e-mail es seguro para ser entregado a la bandeja de entrada.

COMPROMISO

El número de usuarios de Gmail pude influir en su reputación y, por lo tanto, su entrega en la bandeja de entrada. Un vistazo sobre las mayores marcas y el porcentaje de sus firmantes que están comprometidos – montando cualquier actividad, independientemente si es negativa o positiva – muestra una correlación fuerte.

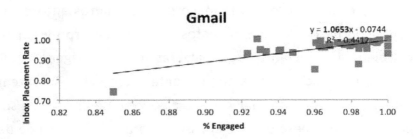

BLACKLISTS

Ninguna. No obstante, nuestra investigación muestra una correlación entre el filtrado de spam en el Gmail y el Spamhaus.

FILTROS CORPORATIVOS

Es importante comprender que, aunque Google sea dueño tanto de los productos Gmail como Postini, cada servicio utiliza su propia tecnología de filtrado patentado. Google Postini Services es una solución de filtrado de spam B2B utilizada principalmente por empresas para gestionar sus e-mails corporativos. No obstante, Google está listo para cambiar los firmantes actuales de los servicios Google Postini para Google Apps.

Si su correo queda prisionero en el filtro de spam de Google Postini Services, Google ofrece un recurso para que los remitentes analicen mensajes que permiten examinar las tags introducidas en un encabezado de e-mail para ayudar a descifrar las razones para la cuarentena. Usted puede encontrar un extremo de los problemas con esta herramienta pero la única forma de descubrir cómo superar este filtro es testar constantemente diferentes contenidos de e-mail.

INFRAESTRUCTURA

En lo que se refiere a una creación de e-mail adecuada, Gmail aconseja:

- Enviar constantemente a partir de las mismas direcciones IP.

- Tener rDNS valido para el envío de direcciones IP apuntando a su dominio.

- Utilizar el mismo dominio "From:" con base en el tipo de e-mail.

- Autenticar el envío de dominios con SPF y DKIM.

MÁS SOBRE AUTENTICACIÓN

Las autenticaciones SPF y DKIM deben ser implementadas. Tenga la seguridad de que su domino From: corresponde a d= en su registro DKIM. Remitentes utilizando IPs compartidos en ESPs deben firmar DKIM con su propio dominio. Por ejemplo, la firma de e-mail debe ser algo como d=esp.cliente.com en vez de d=esp.com. Si por algún motivo usted no estuviera autenticado, en seguida, Gmail crea un registro de "mejor estimación", utilizando una combinación de registros de investigación para combinar su IP de envío con su dominio para autenticar su e-mail.

SOCIOS

Ninguno. Gmail tiene millares de dominios corporativos alojados que están utilizando Google Apps.

SERVICIOS POSTMASTER

1.- Directrices de Gmail para Remitente en masa

- Gmail aconseja que el mejor camino para llegar a la bandeja de entrada es cumplir con sus directrices de Remitente en masa.

- Publicar un registro SPF y firmar con DKIM.

- Obtener permiso.

- Tener un link de baja destacado.

- Clips en botón "No es Spam"- indica a Gmail que los mensajes son autorizados.

- Utilizar diferentes direcciones de e-mail, como promocional y transaccional.

2.- Feedback Loop

Gmail no ofrece un servicio de feedback en el sentido tradicional. Para remitentes utilizando el encabezado list-unsubscribe, siempre que un e-mail es marcado como spam, el firmante es preguntado si quiere marcar el e-mail como spam y/o cancelar la inscripción de futuros mensajes. Para prevenir el abuso de ese recurso, el list-unsubscribe solo queda disponible para remitentes con buena reputación en la red Gmail.

Para habilitar esta funcionalidad, es necesario que:

- Los mensajes de e-mail tengan un encabezado list-unsubscribe que apunte a una dirección de e-mail o una URL donde el firmante pueda fácilmente darse de baja.

- Dominios de envío publiquen un registro de autenticación SPF, firmen e-mails enviados con DKIM y pasen por los menos un protocolo de autenticación.

- El remitente tiene una buena reputación dentro del sistema de Gmail.

¿QUE ES EL LIST-UNSUBSCRIBE?

Josh Baer (Chief Innovation Officer y fundador de Otherinbox, empresa Return Path) y su amigo Grant Neufeld crearon el mecanismo list-unsubscribe en 1998, mientras aún estaban en la facultad. La RFC 2369 detalla las especificaciones técnicas del encabezado pero el concepto es simple — añadir un mecanismo unsubscribe en la cabecera del e-mail para que proveedores de e-mail puedan ofrecer una mejor funcionalidad unsubscribe si comparando un link escondido en el pie de la mayoría de los e-mails, conforme lo exigido por el gobierno federal de los EEUU en la ley CAN-SPAM, así como otras leyes internacionales regulando e-mail y spam. Josh Baer tiene también un site dedicado al list-unsubscribe que incluye la especificación y los proveedores de e-mail participantes que lo utilizan.

Además de indicar que un e-mail es spam, los usuarios de Gmail pueden añadir la funcionalidad list-unsubscribe, mostrando detalles del mensaje.

MOSTRAR DETALLES DEL MENSAJE

Para ver el link list-unsubscribe, el destinatario necesita expandir los detalles del mensaje, clicando en la pequeña celda al lado de donde dice <remitente> para mi. Esta flecha hacia abajo muestra detalles del mensaje y el link para cancelar la inscripción para esa lista de e-mails aparecerá en la parte inferior.

de:	
responder a:	
para:	@gmail.com
fecha:	13 de novembro de 2013 14:21
asunto:	
lista de e-mails:	
enviado por:	

Después de clicar en el hiperlink, el siguiente mensaje es mostrada

No recibir más e-mails de este este tipo de [   ]   ✕

Está seguro de no querer recibir más estos e-mails?

Cancelar inscripción   Cancelar   Más información

REPORTAR COMO SPAM Y DAR DE BAJA

Este método disparará una denuncia de spam pues este está vinculado a la funcionalidad Reportar como Spam. El remitente también recibirá una notificación de cancelación conforme a lo mostrado con anterioridad.

Unsubscribe from these types of emails from LivingSocial
Escapes?

In addition to marking this message as spam, Gmail can attempt to
automatically unsubscribe you from **LivingSocial Escapes**, by sending an
unsubscribe request on your behalf. Learn more.

| Report spam | Unsubscribe and report spam |

Independientemente del método escogido, Gmail enviará la siguiente solicitud de cancelación:

```
Return-Path: <@gmail.com>
Delivered-To: <sender's List-Unsubscribe email address>
Received: (4360 invoked from network); 11 Aug 2009 10:06:32 -0000
Received: from mail-gx0-f219.google.com (209.85.217.219)
   by <sender's MTA> with SMTP; 11 Aug 2009 10:06:32 -0000
Received: by gxk19 with SMTP id 19so4836608gxk.18
      for <sender's List-Unsubscribe email address>; Tue, 11 Aug 2009 03:06:32 -0700 (PDT)
Received: by 10.90.68.12 with SMTP id q12mr4969670aga.38.1249985192021;
      Tue, 11 Aug 2009 03:06:32 -0700 (PDT)
Message-ID:
Date: Tue, 11 Aug 2009 03:06:32 -0700
From: "<first and last name of person to unsubscribe>" <@gmail.com>
To: <sender's List-Unsubscribe email address>
Subject: unsubscribe
MIME-Version: 1.0
Content-Type: text/plain; charset=ISO-8859-1
Content-Transfer-Encoding: 7bit
Content-Disposition: inline
```

BANDEJAS DE ENTRADA EN GMAIL

Proveedores de webmail vienen ofreciendo maneras de trabajar con la propia bandeja de entrada, y uno de los guías por detrás de eso es el surgimiento del llamado Graymail. El Graymail está en algún lugar entre los e-mails legítimos y el spam. Clasificar e-mails como spam es bastante subjetivo la mayoría de las veces, no es blanco ni negro, de ahí el termino gris (gray). Graymail es esencialmente el número excesivo de newsletters, cupones y anuncios que fueron legítimamente solicitados pero que no son esenciales y a lo largo del tiempo puede quedar difícil, o francamente irritante, de gestionar en el día a día.

GMAIL PRIORITY INBOX

El recurso Priority Inbox de Gmail utiliza el análisis predictivo bien como comentarios manuales para identificar y priorizar e-mails importantes. Gmail prevé si un mensaje es importante examinando como los mensajes fueron tratados en el pasado, si fueron leídos o excluidos sin leer o marcados manualmente como importantes, como el mensaje es dirigido al destinatario, y muchos otros factores.

CARACTERÍSTICAS DE LA INTERFAZ DE USUARIO

Gmail clásico

Marcar como importante

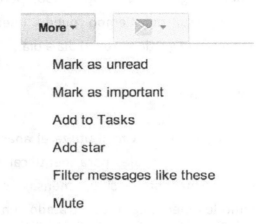

Mark as unread

Mark as important

Add to Tasks

Add star

Filter messages like these

Mute

Bandeja prioritaria habilitada

En cuanto que la bandeja de entrada con guías ahora es

estándar, la bandeja prioritaria aún es una opción para los usuarios de Gmail.

Como marcar un mensaje con "estrella"

El mensaje promocional con estrella irá a aparecer en la bandeja de entrada principal.

Bandeja de entrada de Gmail con guías y marcador de categoría

Gmail lanzó un nuevo recurso de productividad para la bandeja de entrada de e-mail basada en guías y marcadores de categoría. La bandeja de entrada de Gmail con guías ahora es estándar para nuevas cuentas de Gmail y fue habilitada para los usuarios de Gmail existentes.

Aun así, los usuarios de Gmail tienen la opción de eliminar las guías. Hay cinco categorías que son entonces clasificadas en la

guía correspondiente en la bandeja de entrada. Tres de las guías son activadas por estándar (Principal, Social y Promociones), y dos guías pueden ser activadas manualmente (Foros y Actualizaciones). Gmail rotula los e-mails utilizando un algoritmo especial que analiza a partir del contenido, metadatos y feedback del usuario.

- **Principal** – conversaciones y mensajes personales que no aparecen en otras fichas.

- **Social** – mensajes de redes sociales, sites de compartición de medios, servicios de relacionamiento online, y otros sites de redes sociales.

- **Promociones** – promociones, ofertas y la mayoría de los otros e-mails de marketing.

- **Actualizaciones** – personas, actualizaciones auto-generadas, incluyendo confirmaciones, facturas, recibos y declaraciones.

- **Foros** – mensajes de grupos online, foros de discusión y listas de discusión.

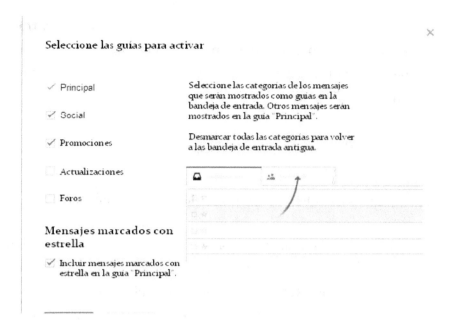

Los usuarios de Gmail tienen la capacidad de influir en la forma en como son los mensajes marcados.

1. Con el botón derecho del ratón, seleccionando la pestaña en Mover hacia la guía:

2. Macando un mensaje con estrella

El mensaje con estrella aparecerá en la bandeja de entrada principal pero sólo aquel determinado mensaje aparecerá en la bandeja de entrada principal. Mensajes promociónales futuros todavía serán filtrados.

3. Arrastrar y soltar un mensaje a la pestaña principal

Cuando un usuario arrastra y suelta un mensaje en una pestaña diferente, Gmail pregunta a los usuarios si ellos están interesados en que todos sus futuros mensajes de ese remitente vayan a la carpeta seleccionada. Al responder que si, todos los mensajes de ese remitente serán automáticamente enviados para la carpeta principal de ahí en adelante. No obstante, si el usuario selecciona no, los mensajes de ese remitente continuación yendo a la carpeta principal.

4. Seleccionando el mensaje escogiendo un marcador

Si un usuario tiene Gmail Priority Inbox habilitado, las guías no son mostradas. No obstante, los marcadores de mensaje aparecerán en la barra lateral. Estos mensajes aún aparecerán en la bandeja de entrada principal y los usuarios pueden clicar en el marcador de categoría para visualizar todos los mensajes con ese marcador específico.

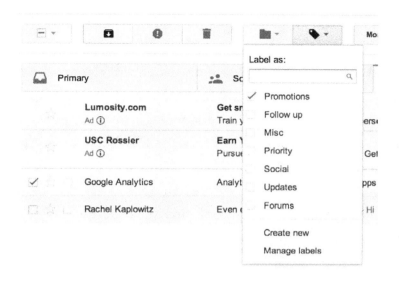

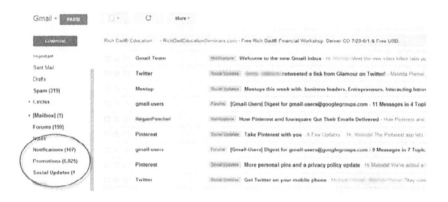

OUTLOOK.COM

Lanzado en el año 1996, Hotmail fue uno de los primeros servicios de e-mail basados en la web. En realidad, el nombre de

Hotmail es un juego con HTML, el Hotmail. Hotmail es uno de los dominios más populares del mundo dominando los mercados de Brasil, Australia y la mayoría de los países europeos. Microsoft estableció escritorios en todo el mundo para apoyar su infraestructura de e-mail, ofreciéndoles la intuición necesaria para adecuar a sus herramientas y servicios a un conjunto diversificado de usuarios globales. En 2013, Microsoft hizo un movimiento osado y reposicionó las marcas Hotmail y Windows Live Mail modificándolos a Outlook.com, una señal de que las ofertas de consumo y las empresas están convergiendo para la nube.

FILTROS DE SPAM

SmartScreen Outlook.com utiliza la tecnología de filtros anti-spam SmartScreen, patentada por Microsoft. Está tecnología utiliza un abordaje de aprendizaje automatizado para ayudar a proteger las bandejas de entrada de los usuarios contra e-mails indeseados. La tecnología SmartScreen utiliza datos de spam y amenazas de phishing conocidas y de clientes Outlook que optaron con participar en el programa de feedback (FBL).

Sender Reputation Data – SRD (Datos de Reputación del Remitente) Como muchos ISPs, Outlook.com considera el volumen, reclamaciones de spam y spam traps en su filtrado. No obstante, la empresa coloca una proporción significativa de sus decisiones de filtrado en datos de SRD de su red, que Microsoft llama Spamfighter Club. Junto con otras fuentes de datos de reputación como el Programa de Informes de basura electrónica (JMRP – Junk E-mail Reporting Program), el SRD ayuda a entrenar y mejorar la forma como la tecnología SmartScreen clasifica los mensajes con base en el contenido del e-mail y reputación del remitente. Los participantes del programa SRD son seleccionados aleatoriamente a partir de los usuarios activos Outlook.com en más de 200 países y nadie se puede ofrecer voluntario para el programa. Los votos sobre la posibilidad de que su e-mail sea considerado o no como spam tiene bastante peso en el filtrado.

SERVICIOS POSTMASTER

1. Smart Network Data Services (SNDS)

SNDS es un servicio gratuito que ofrece datos sobre el volumen de e-mail, reclamaciones de firmantes, spam traps y mucho más.

Result	Example	Verdict percentage
Green		Spam < 10%
Yellow		10% < spam < 90%
Red		Spam > 90%

SNDs utiliza un sistema de código de colores que indica confiabilidad:

Verde indica una reputación de envío positiva e indica probabilidad de mayor taxa de entrega en bandeja de entrada en

Outlook.com.

Señales amarillos son indicios de problemas de reputación y es probable que haya una mezcla entre entrega en la bandeja de entrada y la carpeta de correo basura.

Rojo significa que hay serias cuestiones de reputación, que están causando la entrega de la mayoría, o tal vez de todos los e-mails enviados, a la carpeta de correo basura.

2. Junk Mail Reporting Program (JMRP)

Microsoft ofrece su programa de informes de basura electrónica (JMRP) como un servicio gratuito de feedback loop (FBL) para quien se quiera inscribir. Estos FBLS son el resultado de reclamaciones de spam procedentes sólo de usuarios Outlook.com y no incluye los participantes SRD. Para mejorar su reputación de envío, los reclamantes deben ser eliminados de sus listas inmediatamente. Los cabeceros recibidos en cada reclamación FBL también indicarán si el firmante lo marcó como basura o phishing. Los e-mails marcados como phishing indican que la identidad de envío no fue reconocida o tal vez algo en el contenido parecía sospechoso.

3. Soporte

Microsoft ofrece ayuda y las rutas para que los remitentes escalen problemas de entregabilidad. Se solicita a los remitentes que indiquen si están siguiendo las mejores prácticas en la página de solución de problemas Outlook.com Si los remitentes están seguros de que están siguiente las mejores prácticas, ellos pueden enviar un ticket para el equipo postmaster.

MÉTODOS DE BAJA (UNSUBSCRIBE)

Como Gmail, Outlook.com también aprovecha el encabezado list-unsubscribe. Hay dos maneras de que los firmantes accedan a la funcionalidad List-Unsubscribe - a través del pie "too many newsletters?" (Exceso de newsletters?) o el recurso "sweep".

Too many newsletters? Darse de baja

Como se muestra abajo, Oustlook.com muestra la pregunta "Too many newsletters?" en el pie del e-mail. Es importante notar que este texto no forma parte del e-mail. Por el contrario, es parte de la interfaz de usuario de Outlook.com. Cuando el link es pulsado, el pop-up que sigue se muestra un encabezado List-Unsubscribe.

Too many newsletters? You can unsubscribe or better yet, schedule automatic cleanup.

Stop getting this newsletter

We'll ask UrbanOutfitters.com to take you off their mailing list. If they send anything in the meantime, we'll put it in Junk.

☐ Also delete everything from UrbanOutfitters.com in your Inbox folder

Unsubscribe

Si el encabezado List-Unsubscribe no estuviera incluido, el pop-up que sigue será mostrado:

Block this sender

Frontier Airlines MasterCard hasn't given us any info to help you unsubscribe from them, so we'll block everything sent from the following sender: email@offers.BarclaycardUS.com

☐ Also delete everything from Frontier Airlines MasterCard in your Inbox folder

Block

RECURSO SWEEP

Utilizando el recurso sweep del Outlook.com, los usuarios pueden optar por cancelar la firma del e-mail en cuestión (Unsubscribe)

En cualquier método para darse de baja, el usuario verá una pantalla como esta donde ellos pueden pulsar en un botón para confirmar la cancelación.

ENTREGA PRIORIZADA

Microsoft no mantiene una whitelist propietaria. No obstante participa en el programa de certificación de Return Path. Los participantes de ese programa pasarán por los filtros de spam y tendrán sus e-mails entregados a los usuarios Outlook.com con imágenes habilitadas.

INFRAESTRUCTURA

Microsoft recomienda que la infraestructura de e-mail del remitente cumpla lo siguiente:

- Sender ID y SPF – Microsoft pide a todos los remitentes que publiquen un registro SPF o Sender ID para el dominio PRA.

- DKIM – Microsoft también realiza verificación de DomainKeys Identified Mail (DKIM) en e-mail recibidos. DKIM será comprobado si el Sender ID falla. Si ambos métodos de autenticación fallaran, entonces sus filtros tomaran una decisión sobre clasificar el e-mail como spam.

- DNS – Microsoft exige un DNS inverso válido con un nombre de dominio totalmente cualificado (FQDN). Si dominios Microsoft webmail estuvieran inaccesibles, Microsoft recomienda la consulta de la lista más reciente de MTAs a través de nslookup: "nslookup-q = mx Hotmail.com".

SOCIOS

Microsoft tiene sólo un socio conocido que usa su infraestructura que es Sympatico (Bell Canada).

CARACTERÍSTICAS DE LA INTERFAZ DE USUARIO

Bandeja de entrada Outlook.com e interfaz de usuario.

La interfaz de Outlook.com facilita ordenar por e-mail personal, notificaciones sociales, graymail y mucho más.

Scheduled Cleanup (Limpieza programada)

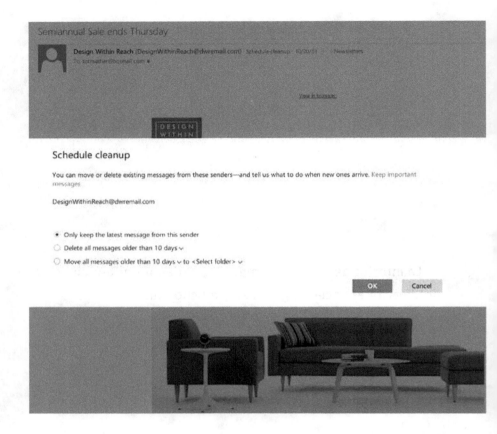

Limpieza programada permite a los usuarios definir reglas para apagar automáticamente e-mails antiguos y mantener sólo los más recientes de un remitente. Para la mayoría de las empresas que envían e-mail, eso no es un problema. Para remitentes que envían varias veces por día, tener diferentes direcciones 'From:' ('De:') para cada flujo de correo puede ser necesario.

Categorización

La categorización Outlook.com puede ser utilizada como "Visualización Rápida" (Quick Views) por los usuarios, que es un concepto similar a las pestañas del Gmail. La diferencia principal es que Outlook.com permite personalizar las categorías.

Archivar

El recurso archivo de Outlook.com es semejante al del Gmail, más mueve todos los mensajes para la carpeta de Archivo manteniendo la bandeja de entrada principal más organizada.

Delete All From (Borrar todo de)

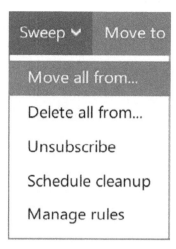

Schedule cleanup

You can move or delete existing messages from these senders—and tell us what to do when new ones arrive. Keep important messages

DesignWithinReach@dwremail.com

- Only keep the latest message from this sender
- Delete all messages older than 10 days ⌄
- Move all messages older than 10 days ⌄ to <Select folder> ⌄

El recurso Delete All From permite que los usuarios pongan fácilmente todos los e-mails de un remitente específico basado en la dirección remitente 'De:'. Esta es una buena noticia para cualquier empresa que tuviera que trabajar con los usuarios del Hotmail utilizando el botón "Denunciar como Junk" en el pasado.

YAHOO MAILS

Yahoo! Mail fue uno de los primeros proveedores de webmail gratuito del mercado y es uno de los tres mayores proveedores del mundo con 281 millones de usuarios. Incluyendo proveedores menores que utilizan la infraestructura Yahoo!, tales como AT&T y BellSouth el servicio de correo de Yahoo! cubre más de 320 millones de usuarios globalmente. Yahoo! también rediseñó su cliente de e-mail para hacerlo más ágil y optimizarlo para dispositivos móviles.

COMO YAHOO! *FILTRA EL SPAM*

Yahoo! construyó internamente la mayoría de sus algoritmos de spam. Colocan un fuerte énfasis en el contenido, filtrado de URL y reclamaciones de spam de sus usuarios. Es uno de los pocos proveedores de correo que filtra el e-mail por el dominio, al revés de filtrar sólo la dirección IP.

REPUTACIÓN

Su reputación es fundamental para determinar la entrega en la bandeja de entrada o carpeta de spam y es determinada por varios factores, incluyendo las taxas de usuarios desconocidos, reclamaciones de spam y las direcciones malas conocidas o spam traps. Usted debe saber que la reputación del remitente está compuesta por una combinación de dirección IP + Dominio + Dirección de E-mail, por eso es importante que usted mantenga la consistencia en los tres componentes una vez que cambiar cualquiera de ellas puede disminuir su reputación y perjudicar su entrega en la bandeja de entrada.

Compromiso

El compromiso siempre fue una medida importante de interés del firmante para los remitentes pero los proveedores de e-mail están comenzando a hacer inversiones significativas en investigación, en filtros de spam propios y software de terceros para ayudar a medir el compromiso del firmante y determinar mejor la carpeta en la cual el e-mail será entregado. Los factores considerados incluyen que mensajes son abiertos, movidos entre carpetas y cuán rápido el e-mail es borrado. Entonces, ¿Qué puede hacer? Regresar a lo básico. Envíe e-mails relevantes que sus firmantes quieran, monitoree la apertura, clics y conversiones.

Si usted tiene un gran número de usuarios que nunca abrieron o se comprometieron con su e-mail, entonces es hora de echar una segunda mirada a esas direcciones, determinar si puede reconquistarlos o si es mejor eliminarlos. Usuarios inactivos acabarán perjudicando su entregabilidad en todos los proveedores de e-mail.

SERVICIOS POSTMASTER

1. Mejores prácticas para los remitentes de e-mail en masa y Postmasters enviando para Yahoo Mail. Yahoo! recomienda a los remitentes que la mejor forma de entregar en la bandeja de entrada es evitar parecer un spammer. Comience ahora a solucionar problemas de entrega de Yahoo!

2. Solución de problemas de errores SMTP. Si su e-mail no está siendo entregado a Yahoo!, los remitentes deben consultar sus registros de SMTP. Una vez que el código de retorno es descubierto, revise la lista de Yahoo! con sus errores SMTP comunes para el motivo de error.

3. Yahoo! Complaint Feedback Loop. Yahoo! Ofrece un servicio de feedback loop de reclamaciones alojado por la Return Path. Recomendamos que usted elimine aquel usuario inmediatamente de futuros envíos para mantener una reputación positiva para Yahoo! Note que DomainKeys o autenticación DKIM es un requisito para inscribirse en los FBLs.

Existen dos tipos de listas prioritarias: whitelist interna y Certificación Return Path.

- Whitelist interna Yahoo! La whitelist propia de Yahoo! es gratuita y la empresa puede inscribirse para el servicio de Yahoo! whitelisting. Aunque sea una whitelist, las marcas que son incluidas aún están sujetas a ciertos filtros, incluyendo el filtrado a nivel de usuario, de contenido y de URL. Mismo que los criterios exactos para ser aceptado en la whitelist Yahoo! no estén publicados, ellos exigen una reputación de envío positiva. Enviar a partir de una dirección IP nueva, bien como cambiar de proveedor de servicios de e-mail o añadir nuevas direcciones IP, va a exigir por lo menos 30 días de reputación antes de que Yahoo! considere incluirlo en la whitelist.

- Return Path Certification: Yahoo! también forma parte del programa de certificación Return Path. La certificación también actúa como una whitelist, pero permite que los remitentes con credenciales pasen por ciertos filtros para alcanzar la bandeja de entrada. Los remitentes aceptados en el programa son obligados a mantener los estándares establecidos por la Return Path y sus socios participantes.

1. SPF, DKIM y DMARC: autenticar el e-mail con SPF y DKIM es recomendado.

Yahoo! soporta DMARC y los estándares que son necesarios.

2. Conexión y transferencia: los servidores deben ser configurados para permitir conexiones simultáneas con set de transferencia de 20 e-mails por conexión. La limitación de esta taxa ocurrirá por altas reclamaciones en la reputación, así que utilice esto como una directriz para determinar la configuración ideal que usted debe utilizar.

3. rDNS: publique un PTR para sus IPs de envío y use un nombre de dominio totalmente cualificado (FQDN-Fully Qualified Domain Name) para que el no aparente una IP atribuida dinámicamente que está enviando e-mail.

4. Utilice una dirección 'From' consistente y fija: remitentes utilizando dominios y direcciones From consistentes serán beneficiados cuando sus registrados introduzcan su dirección en la whitelist. Eso también ayudará a prevenir que las campañas de e-mail sean identificadas por spam por los filtros de Yahoo!

SOCIOS

Yahoo! tiene varios socios, incluyendo la AT&T (que incluye la BellSouth, SBC y Ameritech), Versión, Rogers, BT, TNZ, ExtraNZ y Nokia, que utilizan la infraestructura de los clientes de e-mail de Yahoo! Cada uno de esos socios tiene su propio filtro en sus gateways antes de ser entregados para ser procesados por los filtros de Yahoo! pero observamos que el e-mail enviado a esos socios debe tener taxas de entrega en la bandeja de entrada consistentes con los usuarios directos de Yahoo!

INTERFAZ DE USUARIO

SOBRE LA RETURN PATH

La Return Path es líder mundial en e-mail intelligence. Analiza más datos sobre el e-mail de lo que cualquier otra empresa en el mundo y utiliza esos datos para fortalecer los productos, garantizando que solo los e-mails que los usuarios quieren estén en sus bandejas de entrada.

EL SPAM

Tenga en cuenta en la construcción de sus mensajes y de su lista de suscriptores que hay dos tipos de marketing: por sorpresa o correo electrónico no solicitado y por solicitud.

Se recomienda no realizar operaciones de venta de puerta fría, ya que esto se considera spam. Si una cierta cantidad de personas reportan su dirección como spam, será introducido en las listas negras de Internet. Las posibles ventas realizadas bajo esta forma no compensarán el verse considerado como spam.

Por otro lado, la construcción de una lista opt-in es un método aceptable y de gran éxito que le evitará ser etiquetado como un mal negocio. Con una lista opt-in, la gente que se añade a su base de datos de abonados está interesada en el tema.

Este tipo de listas deben tener siempre disponible la opción de cancelar la subscrición, si bien usted se sorprendería de la cantidad de gente que no hace uso de esta opción y que finalmente acaban haciendo clic en su mensaje para recibir más información sobre su producto.

En la preparación de sus mensajes de respuesta automática es imprescindible encontrar el equilibrio entre la excitación y la publicidad de su producto. Debe evitar todo aquello por lo que su mensaje podría ser considerado spam, incluso si los usuarios han solicitado recibir su mensaje.

Esto significa seguir las reglas de creación de mensajes directos y sencillos como se describió anteriormente (sin mayúsculas ni signos de exclamación excesivos). Hay una serie de pautas a seguir para evitar que su mensaje sea considerado spam, junto con las ya mencionadas:

1. No escriba su mensaje en letras de gran tamaño, con colores fuertes o llamativos en exceso y fuentes de letra extrañas. Esto no llamará la atención sobre el producto, sino que pondrá de manifiesto su escasa experiencia. Es perfectamente aceptable el uso de color en los mensajes y de hecho pueden ayudar a mantener la atención, pero en la mayor parte del mensaje es buena idea usar el mismo color y tipo de letra, usando con moderación la cursiva y la negrita.

2. No rellene sus mensajes con gráficos "cool", emoticonos animados o una presentación flash. Todo esto ralentiza la carga considerablemente y mucha gente no va a esperar a que termine la carga del mensaje.

3. No use un lenguaje propio de un Chat. Por mucho que sus usuarios puedan saber lo que significan determinadas combinaciones de letras, no es profesional y no le conseguirá ganar ningún punto a favor.

4. Recordar a la gente que están recibiendo el mensaje porque solicitaron información (o que un amigo sugirió que estarían interesados en recibirla) y que pueden cancelar la suscripción en cualquier momento.

Los Filtros de Spam

Casi todos los programas de e-mail han ido incorporando filtros para correo no deseado para enrutar todos los mensajes no deseados a una carpeta independiente cuyos contenidos se eliminan automáticamente por el programa o el propietario de la cuenta. Siguiendo las sugerencias anteriores para evitar mensajes de este tipo y no perder todo su trabajo por un filtro vamos a dar más consejos sobre cómo evitar los filtros de spam y los programas de verificación:

- **La línea de asunto no debe**: incluir nunca una línea con ADV, la palabra "advertisement" o "anuncio". No empezar "este e-mail se envía por ..." y nunca usar la palabra "free" o "gratis" –especialmente en mayúsculas.

- **Dirección**: al configurar su sitio Web y las cuentas de correo asociadas al mismo, no cree cuentas del estilo: sales@tudominio.com o ventas@tudominio.com –esto le garantiza casi absolutamente que su e-mail acabará en la carpeta de spam.

- **En el mensaje nunca incluya**: "de forma gratuita" o "gratis" o expresiones como "ingresos extra". Para evitar esto, algunos profesionales optan por separar estas palabras o usar expresiones con guiones.

EL FORMATO DE LOS MENSAJES

Si usted usa Internet con regularidad, es probable que haya recibido por lo menos un par de e-mails muy parecidos a lo que sigue:

Estimado amigo,

¡Enhorabuena! Usted ha sido seleccionado

>> para recibir gratis

>>> un portátil nuevo

>durante nuestro sorteo promocional aquí está su código

> XYX Compañía

Esto es resultado de un reenvío múltiple o bien de un pobre formato por parte del remitente. No mucha gente trataría de interpretar este tipo de desastre si se les envió por un desconocido, aun habiendo solicitado información. ¿Cómo podemos evitar que nuestros mensajes lleguen sin el formato adecuado?

En primer lugar, usted debe saber por qué ocurre esto. Cada programa de correo electrónico es diferente, lo que implica que permite diferentes longitudes de línea para sus ventanas. Si su programa de correo electrónico permite 75 caracteres por línea, puede verse bien por pantalla pero cuando lo envía a alguien que sólo puede ver 70 caracteres por línea, los últimos cinco caracteres son movidos a la siguiente línea rompiendo su mensajes con los molestos signos >.

Otro problema en potencia es la fuente que elija. En algunas fuentes cada carácter ocupa la misma cantidad de espacio (Courier New) mientras que en otras (Times New Roman o Arial) la anchura del carácter es variable no ocupando lo mismo, por ejemplo, una "i" que una "w".

Esta variación en el espacio crea el mismo efecto roto que el problema con la longitud de línea.

Mantenga sus mensajes en una fuente con ancho fijo de carácter y asegúrese de que cada línea tiene como máximo entre 60 y 65 caracteres del argo. Cuando alcance el límite, utilice un retorno para iniciar la línea siguiente en lugar de permitir que su programa de procesamiento de texto lo ajuste. Si está utilizando Microsoft Word para componer sus mensajes, hay un contador en la parte inferior de la ventana que le indica la línea y el número de caracteres que escribe, que le pueden ayudar para controlar el largo de línea.

También puede crear una guía en la parte superior de la página en la que está trabajando y que luego eliminará al finalizar el mismo.

Otra forma es enviar el mensaje en formato universal. Muchas personas creen erróneamente que el formato ASCII está en todos los equipos, pero no es así. Usted debe guardar sus mensajes en texto sin formato (casi siempre en una fuente Courier New) o en formato enriquecido (que le permitirá conservar color, negritas, cursivas...). Va a encontrar estos formatos en el cuadro desplegable de la opción Guardar de su editor de texto.

Hay varios programas de respuesta automática para los vendedores de Internet, todos con diferentes características y precios. Uno de estos programas es AWeber, que le permite crear series de auto-respondedores ilimitados y mensajes, con una gran variedad de herramientas de fácil uso y una versión de prueba de 30 días para probar sus servicios por 1$.

EDITORIAL

IT Campus Academy es una gran comunidad de profesionales con amplia experiencia en el sector informático, en sus diversos niveles como programación, redes, consultoría, ingeniería informática, consultoría empresarial, marketing online, redes sociales y más temáticas envueltas en las nuevas tecnologías.

En **IT Campus Academy** los diversos profesionales de esta comunidad publicitan los libros que publican en las diversas áreas sobre la tecnología informática.

IT Campus Academy se enorgullece en poder dar a conocer a todos los lectores y estudiantes de informática a nuestros prestigiosos profesionales, como en este caso **Ángel Arias**, experto en Consultoría TIC y Desarrollo de Web con más de 12 años de experiencia, que mediante sus obras literarias, podrán ayudar a nuestros lectores a mejorar profesionalmente en sus respectivas áreas del ámbito informático.

El Objetivo Principal de **IT Campus Academy** es promover el conocimiento entre los profesionales de las nuevas tecnologías al precio más reducido del mercado.

ACERCA DEL AUTOR

Este libro ha sido elaborado por:

JOSE LUIS GARCÍA NAVARRO